Lágrimas de Sangre

Poesía de

Martina Robles Gallegos

Editado por J. Jesús Gallegos de Robles

ISBN 978-0-9997784-8-7

First edition

Lummox Press
PO Box 5301
San Pedro, CA 90733
www.lummoxpress.com

Printed in the United States of America

Acknowledgments
Previously published poems are annotated in italics after the poems.
The publisher wishes to thank those editors whose wisdom brought these poems out of the shadows and into the light.

TABLA DE CONTENIDO

DEDICATORIA

Con inmensa gratitud por haberme heredado ésta linda y maravillosa lengua, les dedico esta colección de poemas a mis queridos y añorados padres, Don Jesús Gallegos Álvarez y la Sra. María Soledad Robles, ambos finados. Para mis hermanos y hermanas, en particular para mi hermana Otilia, QEPD, por haber luchado y buscado sin haber encontrado paz en la Tierra.

Para mis estudiantes, quienes me hicieron crecer y aprender con y de ellos, y para sus padres porque siempre me brindaron su apoyo. Los extraño a todos.

Es para mí un gran orgullo escribir en mi lengua natal.

PRIMAVERA

La sonrisa de una niña
es como el comienzo de la primavera:
hace florecer las plantas y cantar a los pajaritos.

La sonrisa de una niña reverdece los campos
y llena las lagunas de criaturas que croan,
que nadan y hacen nidos en sus orillas.

Como la luz de la luna en plena primavera,
es la sonrisa de una niña quien ilumina
cada noche y de amor, la vida.

La sonrisa de una niña es como un cielo azul
cubierto de arcoíris tras la lluvia
y gatitos persiguiendo mariposas.

La sonrisa de una niña es como un jardín de rosas
de tantos colores, que hasta otras flores
cantan y bailan de gozo.

Como el pétalo de un clavel es la sonrisa
de una niña feliz, que confía en sí misma
porque el mundo la aprecia.

Esa sonrisa de una niña feliz,
es el regocijo del alma
que ilumina el corazón.

VERANO

Niño que habla con tono de hombre
lleva en su voz el calor del sol
y en su corazón ternura de luna.

Niño que oculta en su infantil timidez,
el deseo de ser grande con mente de niño
y pensamientos de adultez.

Niño que grita iracundo
cuando el mundo lo desafía,
pero en su alma guarda alegría y dulzura.

Niño que fija con cálida mirada
a su gente fiel y de mente iluminada,
que lo quieren bien.

Niño que cada verano corre por los parques,
nada en las playas y juega en las calles
porque el verano mantiene tibio su corazón.

Niño que chapotea en el agua;
niño extasiado del alma
y niño cobijado con el sol,
es un niño...siempre niño.

OTOÑO

Momentos de caos es la adolescencia;
Confusión efímera que viste de colores
y su furia suelta
de sentimientos enclaustrados.

Carga emocional oculta en remolinos
que la adolescencia disfraza
con el canto del cenzontle de mil voces.

Tiempos en que hibernan las criaturas
como adolescentes que aguardan
una aventura sinigual.

Otoño que cubre de colores los campos,
como el adolescente que de flores viste
y sonroja el mismo corazón.

.

INVIERNO

En las montañas, sus cimas de blanco se cubren
cual si fueran sabiduría pura
de donde la juventud aprende y goza
y perpetúa las estaciones previas.

Invierno que hace tiritar el alma
para luego dar calor
con cuentos de hadas
para complacencia mundana.

Invierno, estación fugaz
 de trabas lleno y recuerdos gratos
que hoy se gozan hasta el éxtasis
las capas de blanco inmaculado.

El frío penetra recuerdos profundos
ya en olvido, pero dan brillo
cuando sale el sol
y sonríe desde el cielo.

Invierno, etapa de retorno
a tiempos pasados
para poder conservar
los cuentos de abuelos.

Invierno tan blanco
como el cabello de la abuela
quien acaricia a niños,
como la nieve los divierte.

Tiempo para hacer memorias
y guardarlas para el porvenir,
mientras que las de la abuela
vuelven a renacer.

CON GANAS Y CORAJE

La mayoría eran indígenas Mexicanos;
Le eran leal a Benito Juárez.
No poseían uniforme lujoso ni gran armamento,
pero de guerreros la sangre los llama
en cada respiro que tomaban.
Dos mil valientes eran ellos;
los franceses eran seis mil.
La Batalla reventó
cuando los franceses invadieron
por el Puerto de Veracruz.
La Batalla comenzó al alba,
cerca de la ciudad de Puebla
y terminó al oscurecer.
Francia había perdido 500 soldados,
México menos de cien.
Fue gran victoria para México
y orgullo para los guerreros.
No es el número de soldados
ni el tipo de uniforme
ni el armamento que lucen
lo que decide la victoria,
si no el coraje, la valentía,
y las ganas de ver a su país
libre de dominio extranjero.
Los franceses huyeron; los Mexicanos celebraron.
¡Qué viva Zaragoza y qué viva Benito Juárez!
¡Cómo él de Presidente, jamás habrá alguno!

BENITO JUÁREZ

De una familia humilde
Llega al mundo este niño indígena.
Para hacer su vida aún más difícil
Queda huérfano a temprana edad.
Entre más trabas le pone la vida
Más ganas le dan de progresar.
Vive un tiempo con su tío
Y comienza a aprender oficios
Para tener libros y comida.
Luego se reúne con su hermana
En una ciudad lejana
Y lleva consigo sólo las memorias de su pueblo natal.
En la gran ciudad comienza a mirar
la diferencia socio-económica,
la falta de escuelas y educación
para los pueblos indígenas
Y comienza a construir escuelas
Por todo el país.
Trabaja duro para conseguir su educación
Y llega a ser abogado para ayudar a los pobres.
Después llega a ser presidente de una nación
al borde del despliegue,
Pero enemigos lo obligan a huir;
Mas él no abandona su querido país
Y desde su escondite continúa con su liderazgo.
Enfrenta desafíos nacionales y extranjeros
Y aunque es hombre de paz
comienza a unir a los pueblos
para una inevitable batalla.
Su humilde ejército está armado
De sólo corazón y valentía;
Mientras los extranjeros cargaban
Uniformes y armamento de fuego.
La batalla toma lugar en Puebla
Y ahí los soldados indígenas
Derrotan a los franceses.

A veces las batallas no se logran
Con armas ni palabras de rencor,
Pero con un líder honesto,
Una rareza en nuestros tiempos,
Sino con un líder que mira por el pueblo
Y no echa de cabeza a su nación.
No importa tu origen ni circunstancia
Para ser algo en la vida...
Solo tienes que seguir los deseos de tu corazón
Sin rechazar quien fuiste ni olvidar
A quienes te enseñaron a dar tu primer paso.

SOY MEXICANA

Orgullosa soy de ser hija mexicana;
llevo en las venas la herencia azteca
y mi piel luce el color de la madre tierra
que torna dorado el astro rey.

A pesar de quienes cambiar la historia quisieron
¿pero borrar la esencia del alma podrán?
Tengo por lema lo de guerrera invocar
para honrar a quienes entre nosotros ya no están
sabiendo que ellos en carne propia vivieron
del azote certero, el odio falaz
ogros horrendos, dejen al prójimo en paz.

A mis pueblos originarios logran engañar
la tríada de ambición, odio y confusión;
más la de por sí infalible evangelización,
el espejismo y aparente poder divino,
dieron paso al abuso, sometimiento y destrucción rampante.

Fue el euro-centrismo la mano genocida,
Resultado: la población diezmada , casi al exterminio;
pareciera que de las tumbas airosas se levantan
para emerger de la nada y reinventar la historia.

El mundo revienta de desequilibrados
creyéndose dioses además de inmunes
al pleno juicio de la historia
para al ciudadano común juzgar,
mostrando de la ley su fuerza
y de su práctica el rigor.

Soy orgullosa de ser mexicana,
pues para muestra mi propia historia
de desgarradoras vivencias llena;
pero como el hierro entre más lo golpean

como consecuencia a mí más me templan
para nunca claudicar y seguir luchando.

Ser mexicana es símbolo de lucha;
de inquebrantable fe y perseverancia;
de incondicional y fiel esperanza,
para saborear el triunfo y cumplir mis sueños.

Gracias le doy a mi Morenita querida;
también a la morena que me dio la vida;
a ambas les debo quien soy ahora;
honor merecido a las dos;
mis plegarias elevo y mi gratitud a Dios.

Primera publicación en Poets Responding to SB1070, June 3, 2018.

SIN RAÍCES

En mi infancia sabía quién era;
nadie cuestionaba mi identidad.
Tenía claro de dónde venía
mas no tenía noción de mi futuro.

Mi presente parecía predecible;
todo mundo seguía una rutina.
Los chicos jugábamos a diario
sin preocuparnos por el reloj.

Por las noches salíamos
con nuestra madre a visitar
parientes después de la cena,
y eran momentos para gozar.

Al alcanzar mi adolescencia
comencé a perder mis raíces
en un país extraño, frío
y poco acogedor.

El trato que comencé a recibir
comenzó a dejar huellas;
comencé a dudar de mi ser
y todo quien había sido.

Estas nuevas experiencias
estaban despertando en mí
sentimientos desconocidos
de ira, odio y auto-rechazo.

Estaba perdiendo mis raíces
de identidad emocional.
Comencé a odiar mi nombre
y mis raíces negar.

QUIERO SER

Quiero ser el niño que cada día despierta feliz;
a quien la mañana lo acoge con ternura
y le enseña de la vida lo más bello.

Quiero ser el niño que sin temores su niñez vive
plena y libremente, goza su entorno libre
de toxinas sociales y medioambientales.

Quiero ser el niño que juega en los cristalinos ríos,
los pocos que aún existen con praderas
y nadar entre las conchitas que se regodean.

Quiero ser el niño que juega por los prados
de flores repletos y de belleza llenos,
que a la naturaleza agradece sus regalos.

Quiero ser el niño que espera un futuro
aunque el presente sea poco oscuro,
pero tengo esperanza de un mundo mejor.

Quiero ser el niño que con sus amigos juega
del amanecer al ocaso, sin preocupación alguna
de peligros fuera de su control.

Quiero ser el niño que anhela paz mundial,
amor entre la humanidad
y respeto a nuestra Madre Tierra.

¡A LA CHAMBA!

¡Hola compañeros! ¿Listos para chambear?
¡Uno, dos, tres!
Ya llegan los campesinos;
La chamba va comenzar.
Llueva, truene, o haga sol
Para ellos no hay break!
Todo mundo ahora se queja
Que las cosas están muy caras
pero nadie se preocupa
Lo que sufre el campesino.
El trabaja todo el día
Sin poder mirar el sol,
Pero lo siente en el lomo
Mientras el patrón hincha la panza.
¿Cuánto trabaja el campesino?
Pos nomas de sol a sol.
Mientras que el cochinote
Cuenta moneda por moneda.
Hay unos que se quejan
Que otros les roban el trabajo,
Pero cuando el hielo barre
Con todo el campesino,
No hay nadie que diga
-Aquí estoy para chambear.
Uno, dos, tres, a la Ching....

RIQUEZA NO ES TODO

Fuiste humilde de riquezas pero rico de corazón;
tus chistes de cena nuestra familia reunían.

Fuiste humilde de recursos pero no de tus cuentos
que de risa al piso nos tiraban.

La Tierra a veces no daba mucho
pero nunca llegaste a casa con las manos vacías.

No tenías dinero para comprarnos alimentos
pero del campo siempre nos dabas de comer.

No tuvimos juguetes nuevos
pero los que nos hacías eran hechos con amor.

No tuviste mucha escuela;
sin embargo, nuestros libros tu biblioteca fueron.

Todo lo que yo recuerdo de la primaria
lo aprendí porque tú me lo enseñaste.

Me hablabas de política
pero esa yo nada entendía.

Leías nuestros libros con mucho placer
y te gustaba más leer las poesías.

Primera publicación fue por Poets Responding to SB1070 el 17 de junio del 2017.

AYER SOÑÉ

Ayer tuve un sueño especial
el cual mi esperanza despertó
de vivir mi pasado en mi presente.
Soñé que de nuevo estaba en un aula
con un grupo nuevo de alumnos
y me sentí bien, normal.
Todo salió bien sin problemas;
sentí que nunca había dejado de enseñar.
Era la misma maestra o quizá mejor;
lo único que no cambió era mi respeto y amor
por cada estudiante.
Tuve el mismo sueño dos noches consecutivas
y no hubo ninguna falla, ninguna traba.
Este sueño me dio la esperanza
de poder regresar a mi previo empleo
como maestra de primaria;
sólo que esta vez tengo una Maestría
que me autoriza enseñar a estudiantes
que hablan otros idiomas y aprenden inglés.
Es lo que hice los primeros diez años
pero eran grupos de primero y segundo grados
y yo enseñaba inglés y español.
Los últimos seis o siete años
enseñé a estudiantes de diferentes partes del mundo
y los padres me pedían para sus hijos más jóvenes.
Siempre me pregunto si en realidad
estoy preparada para regresar a una escuela
o debo buscar otro sueño.
Estoy segura que será difícil al principio
y cometeré errores
pero sé que aprenderé de ellos mientras
que no sean intencionales
y que no dañen a nadie.
Mis sueños me ayudan a reconocer mi capacidad
y potencial para trabajar en un ambiente caótico
y saber cómo encontrar maneras
para no frústrame y no hacer daño a nadie.

SUEÑOS

Dejé mis sueños para buscar nuevos horizontes,
sin tomar en cuenta los peligros que enfrentaría.
Iba llena de sencillas ilusiones, sueños de niña.
Cubría mis sueños con mi inocencia
sin pensar que algún día encontraría trabas
que pondrían mis sueños bajo tierra.
¿Qué sabía yo...que los sueños son como hielo
que se derrite con el calor del sol?
Mis sueños se comenzaban a derretir con palabras
de bocas que emitían calor de odio.
Intenté poner un alto a esas palabras
que amenazaban destruir mis sueños.
Los sueños son más fuertes cuando nacen por necesidad
y el deseo de compartirlos cuando se realizan.
Pueden aparecer personas quienes
quieren destruir y enterrar sueños
mas no lo lograrán si no se lo permites.
Fija tu mirada en tus horizontes;
los rayos del sol conservarán tus sueños tibios
hasta que estés lista para liberarlos.
Ninguna palabra es más fuerte que el calor del sol;
Las puestas del sol enfriarán palabras de odio
y las convertirán en palabras de apoyo.
¡Mantén tus sueños vivos!

Su primera publicación fue en Poets Responding to SB1070, el 30 de agosto del 2016.

¡BASTA!

¡Basta! Dice el niño que solo,
por las noches llora
durmiendo en el piso
y que a su madre añora.
¡Basta! Dice la madre
ausente, de su hijo
quien sus consejos no escucha
ni su calor siente.
¡Basta! Dice la abuela
que sus historias quedan
olvidadas en los sueños
y sus consejos
perdidos bajo la almohada.
¡Basta! Dice el padre
quien bajo cobijas
por sus hijos llora
y se toca el alma
y en sus sueños grita.

Su primera publicación fue en Poets Responding to SB1070, el 31 de agosto del 2016.

VÍSPERA DE ELECCIONES PRESIDENCIALES

Un ambiente sombrío se aproxima
y se apodera de la paz de mi mente
pero al escuchar los noticieros y leer las redes sociales
es obvio que hay inquietud en la nación.

Unos piden calma, paz y unidad,
mientras que otros quieren sangre y guerra.
Es difícil no temer al mañana,
pues nada bueno se ha escuchado en el ayer.

Los candidatos han sembrado palabras de odio
aunque las disfracen de unidad, tolerancia,
respeto y empatía hacia la ciudadanía.

No hay muchos líderes en quien confiar
porque a los buenos no los quieren los malos
y los malos tienen más apoyo que los buenos
y mienten para destrozar un buen líder.

El dinero es realmente el mal de la humanidad
y no ayuda a quienes lo necesitan
y quienes lo tienen lo usan para destruir a otros
y se enriquecen gracias a los pobres, la mayoría.
Gane quien gane nadie quedará en paz
y debe esperase el caos inevitable
porque la gente lavada de cerebro
no tiene voz ni opinión propia.

MURO

Muro, causante de constante discordia
que destruye y separa.
Muro que grita a pulmón abierto.
Muro invisible
Que agobia y que mata, que separa todo y que une nada.
Muro que sangra y calla delitos, esconde secretos
y se traga todo.
Muro invisible, traidor y asesino
más agudo que el acero
pero que lo derriba el viento.
Muro opresor,
causante del odio y la guerra eterna
que encarcela inocentes y libera culpables.
Muro que existe en la mente pútrida
de gente sin alma y corazón de hierro
que se postran sobre él
para aplastar a otros
y sembrar el odio.
¡Abajo los muros!

Fue publicado por primera vez en Facebook, 24 de marzo del 2016.

IMAGENES DE GUERRA

Sólo escombros rodean ciudades enteras
cubiertas por líneas espirales de humo
y los niños juegan con armas de fuego
y uniformes de soldado, pero juguetes
de niños han sido calcinados
para borrar la niñez de hombres niños.

Las sonrisas cubiertas por llanto
desgarran corazones de madres
y padres gritan a los cielos
plegarias de socorro inmediato.
La faz de los padres oculta el dolor
que el mundo ignora.

Soldados reclutan jóvenes a diario
sin cuestionar edad o habilidad,
para llevar a cabo la tarea de muerte
que puede ser su suerte fatal,
si el arma pesa más que su voluntad
pero se entrega sin pensar.

Los niños juegan con baños de sangre,
pues corre más que el agua del mar
y esa sangre puede ser de un amigo,
un hermano, una hermana o un padre;
pero ellos no preguntan de dónde provienen
las cosas que derrumban vidas y hogares.

Primera publicación por Poets Responding to SB1070, 2018.

¡COMPAÑERO, SÉ REAL!

Conozco bien a tu clase;
hablas, hablas y no actúas;
prefiero escuchar palabras
de las nobles cacatúas.

Haces promesas en vano;
hablas de los dientes pa' delante
pero la verdad se lleva de la mano.

Dices que apoyas a tu gente
pero eres más torcido que un tornillo
que hasta asustas al creyente.

Tu propósito es crear un nombre
y una imagen utilizando a los demás.

Deja ya de hipocresía
antes que pierdas los dientes.

Aunque tú tienes palabras
otros actúan con el corazón
y crean cambio de verdad.

Palabras salen sobrando;
vale más que seas real
y apoyes a tus compañeros
a quienes juras tu lealtad.

Sé sincero con tus palabras
o promesas ¿qué más da?
Cumple ambas y seguro triunfarás.

Primera publicación fue por Poets Responding to SB1070, el 21 de julio del 2017.

LA ODA AL INMIGRANTE

Inmigrante que viaja contra el viento
Que despierta y enfrenta su jornada diaria;
Que suda que llora y no pierde su aliento
Luchando de mañana a noche siempre contento.

Inmigrante que viaja contra viento y marea;
Que sueña y no para y que grita en silencio;
Que no come hasta completar su debida tarea
Y cae rendido en pleno silencio.

Inmigrante que viaja contra el sol;
Que labora de amanecer a crepúsculo;
Que quiebra su espalda recogiendo col
Y que ningún elemento es un obstáculo.

Inmigrante que viaja y llega a su hogar;
que llora en su almohada
porque solo ella le permite descargar
y sus lágrimas cuentan su niñez olvidada.

Inmigrante que viaja contra el mundo cruel,
buscando para su familia una vida mejor...
aunque nadie quiera abogar por él
sigue adelante con esperanza y amor.

Inmigrante que viaja recogiendo esperanza;
sembrando metas e inculcando diligencia
que pide nada y regala todo, siempre alcanza
y cumple todo con amor e inteligencia.

Primera publicación fue por Poets Responding to SB1070, 30 de agosto del 2016.

JUEGO EN EL JARDÍN

Una mariquita jugaba en el jardín;
mira hacia el costado y ve un chapulín.
Lo quiere saludar pero el chapulín se suelta
y ella no lo alcanza porque no es tan alta.
Entonces la mariquita come de su hojita;
llega un colibrí y para en una florecita.
La mariquita se asombra por la maravilla del color;
por la impresión se cae y llora de dolor.
Una mariposa la quiere consolar;
la mariquita se alegra y decide cantar.
El gorrión escucha el canto y se echa a volar;
se siente celoso y se va con sus amigos.
Mira algo en un árbol y resulta que son higos.
Vuelve a cantar contento bajo el sol;
luego tira un higo y le pega a un caracol. ¡Zas!
El gorrión se siente mal pero quiere más.
Mira un gatito y se echa a volar de nuevo
y mira que una pájara dejó caer un huevo. ¡Crack!
Este pajarito se siente muy cansado
y sin saber se sienta en un globo morado. ¡Pop!
Baja una palomita y dice_¡Buenos días!
Contesta la mariquita_¡Hola! ¿Cómo están tus tías?
Todas muy bien gracias. ¿Quieres ser mi amiga?
_¡Oh, claro que si! ¡Tu mejor amiga!
_Vamos a jugar en mi jardín de flores.
_¡Ay...muchas gracias me gustan los colores!

El Mano-Inútil

-Vieja. ¿Qué no ves que tengo hambre?

-Sí. Pero también veo que tienes boca y manos.

-Tienes razón. Tengo manos y sé usarlas. ¡Toma!

-¡Desgraciado! Si las usaras para trabajar y cocinar sería mejor.

-Vale más que pares tu pico que ya me fastidiaste. Trabajo más que tú.

-Tres horas al día, mientras yo comienzo a las cinco de la mañana y nunca paro.

-¡Te la pasas muy agusto en casa y yo quemándome el lomo, vieja..

-Sí. Tu cocinas, lavas ropa y trastes, llevas los niños a la escuela,
   les ayudas con sus tareas, y los llevas
al doctor, dentista y otras actividades.

-¡Ya cállate vieja. Me tienes harto!

-Ahí está la puerta.

-Ay, vieja. Tú siempre tienes razón.

-¿Cómo se siente la puerta? ¡Tiene dientes la mendiga!

-A ver cómo explicas ésto a los niños.

-A ellos no los metes en nuestros asuntos.

-¡Ésto es asunto de familia. ¿O te olvidas que tienes hijos?

Primera publicación fue en Basta!, 2016.

LOS COLORES

Cuando mires el color rosa regala una rosa.
Aquí está el azul; pongo juguetes en tu baúl.
Él dice_cafe pero no es el color de su fe.
Me gusta el amarillo...el bello pajarillo.

Verdes son las plantas que ponen rosa mi corazón.
Negro como el carbón; ¡cuidado con el tropezón!
Blanca es la nieve como el alma de los niños.
La sangre es roja; que por las noches el temor no te acoja.
Ahí viene el anaranjado;
colorea; no te sientas abandonado.

SOL

Sol que al campesino da energía para comenzar el día.
Sol que con sus rayos brillantes iluminan almas;
es hora de calentar el corazón de quienes
esparcen palabras que hacen hervir la sangre
y congelan la moral.

Sol que fortalece al campesino para que alimente
al rico quien no ha sentido el calor del suelo
bajo sus pies que pisan con odio tierras sagradas.

Sol que dora el fruto del campesino
y que el rico no sabe apreciar
porque le preocupa más llenar sus bolsillos
que disfrutar lo que la naturaleza le ofrece.

Sol radiante que viste de color el ocaso
y a los campesinos bendice, los campos alimenta;
ilumina con tu luz y ternura corazones
sedientos de amor, pero llenos de ira.

Sol que los niños gozan en campos y ciudades
y recogen flores y salpican en fuentes
y no miran más allá de su fiel niñez
y son felices y el sol los dora de alegría.

Sol en el cuál se refugia el anciano
recordando tiempos de madrugada
y sonríe al cielo y besa la tierra.

¡LUCHA POR LA ESPERANZA!

¿Con qué manos limpias las lágrimas
de un niño que llora en silencio
para que otros no se rían de él?

¿Con qué palabras calmas sus miedos
cada noche que entra a tu recámara
y duerme contigo para descansar su alma?

¿Qué consejos le das a un niño que viene a tu lado
y te cuenta secretos que perturban su mente?

¿Cuántos besos recibe aquel niño
que camina por el mundo
buscando cariño?

¿Cuántas noches se pasa este niño
las lunas contando y esperando el sol
para sentirse parte de este universo?

¿Por qué sufre y qué busca un niño
cuando hay quienes deben sufrir
y buscar por él para que esté tranquilo?

¿Quién siembra en él el deseo de soñar
y sembrar y cosechar un mundo mejor
cuando pasa los días solo?

En sus sueños él guarda una esperanza
de crecer en un mundo de prejuicios libre
donde pueda vivir su niñez libremente.

Créale un camino de sueños, fe y esperanza
para que lo use de guía y pueda encontrar
un camino seguro a su porvenir.

Primera publicación fue por Poets Responding to SB1070, 18 de febrero del 2018.

LO QUE CORRE POR TUS VENAS

Por tus venas corren años de angustia,
que cargaste desde niño sin darte cuenta,
porque querías ser grande sin haber sido niño.

Por tus venas corre la alegría que tus hijos te regalaron
con sus gracias de niño y sentimientos de adulto
que libremente compartían para honrar tu nombre.

Por tus venas corre la dicha de ser padre
y haber podido dar lo mejor de ti
aunque quizás quisiste haber dado más.

Por tus venas corre el orgullo de mirar
que tus hijos se pudieron superar
a pesar de las barreras que tuvieron que derribar.

Lo que corre por tus venas es lograr ver tus hijos
superados y orgullosamente felices
por haber cumplido sus metas y sus sueños.

En tus venas corre el orgullo de compartir con tus amigos
los éxitos que tus hijos han logrado sin presumir,
que tú pusiste la primera piedra para su camino.

Partirás de este mundo con tus venas repletas
de tremenda paz y felicidad,
sabiendo que tus hijos serán personas de bien.

Fue publicado por primera vez en Poets Responding to SB1070, June 17, 2017.

NIÑ@

Eres la semilla de la esperanza,
los sueños de adultos que no se lograron.
Eres la sonrisa que cada día alegra
y hace que bailen las mariposas
cuando el Este se pone de colores,
y la bendición de la tarde
cuando el poniente la noche saluda.
Eres la chispa de luz que despierta el alba
y la estrella que recibe el anochecer.
Eres la semilla que con sus gracias deslumbra
los sabios pensamientos de adultos
y abre corazones agudos
que la vida endureció.
Eres el agua que limpia y que sana,
que alienta y despierta el amor por la vida.
Eres la vida que otros no viven
pero comparten tu bella alegría.
Eres la vida; lo eres todo
y sigues sembrando y sigues esparciendo
tus semillas de esperanza.

MIREMOS A NUESTROS NIÑOS

Cuando miran hacia el cielo,
¿aún pueden ver la luna?
¿Es saludable el sol o será el
veneno de nuestros niños?
¿Cargan agua las nubes grises
o están llenas de enfermedad?
¿Pueden nuestros niños nadar en el mar,
o serán sentenciados a muerte?
¿Pueden comer fruta aún de los campos
sin preocuparse por las pesticidas?
¿Será una excursión a los campos
la última que toman?
¿Pueden aún gozar de los parques
sin que los corte una resbaladilla?
¿Las caricaturas violentas aún
envenenan sus mentes?
¿Pueden confiar en nuestros líderes
o serán callados de por vida?
Debemos mirar al futuro
que estamos sembrando para ellos.

Primera publicación fue por Poets Responding to SB1070, el 19 de mayo del 2017.

EL CERDITO NECESITA UN HOGAR

El cerdito es lindo y rosita;
es su color verdadero y no es bromita.
Si lo miras te guiñará
y las cosas dulces abandonará.

Necesita un hogar el lindo y rosa cerdito
en una ciudad y no en un pueblito,
quizás en un bosque a media cúpula;
la gente lo mirará como payaso de caridad.

El lindo cerdito necesita un hogar;
está abandonado en un lodazal;
No le gusta nada el corral;
hazle una cama con un morral;
te pagará con sus lindas gracias,
Como todo un coral.

¿Lo llevarías a un castillo?
Hará trucos para el rey.
No será una molestia;
será una grande novedad.

Gracias, gracias, mis queridos amigos;
les debo hasta la eternidad.
Nuestra amistad no tiene fin;
por cada sonrisa recibirán
un arco iris y una risa más.

¿DONDE ESTÁ LA MARIQUITA?

Vamos a buscar la mariquita
¿La miras? ¿Sí o no?
Creo que se esconde debajo del tapete;
estoy muy triste; tengo un nudo en la garganta.

Ayúdeme a encontrar mi mariquita:
que sea una bella sorpresa.
Debe estar acurrucadita;
una gran búsqueda vamos a implementar.

¡Ándele, por favor mi mariquita!
Le imploro, con usted quiero jugar.
Debe estar en una taza
y hasta mayo la voy a esperar.

Por favor téngame compasión;
le imploro, pues con usted quiero jugar.
Si no la encuentro lloraré.
Miraré bajo el perrillo;
está ahí, yo lo sé; si no, me venceré.

¡No estaba bajo el chato peludo!
Ahora seguro que lloraré;
espero que haya ido con el babosillo.
Si no, aquí viene el sollocillo.

PERIQUITO DESHONESTO (TORCIDO)

Una vez conocí un periquito;
era tan torcido que no lo puedo negar;
todos sus amigos pensaban que era muy tendencioso.
Cuando decía algo, nunca lo quería retractar.

Le gustaba regar chismes cercas y lejos
y nunca le preocupaba lo que dijeran los demás;
hasta susurraba en los oídos;
siempre peleaba con sus amigos.

Terminó sin amigos el periquito;
triste y solo, decidió decir chistes;
hacía obras y hasta sátiras.
A nadie convencía, ni siquiera a un gatito.
Ser bueno era su deseo;
no torcido si no derecho.
Todo lo que antes hizo, retractó
y fue bueno desde la mañana hasta que oscureció.

LINAJE

-Herencia de guerreros
Con ganas y coraje
Por sus venas corre sangre indígena.
Arrojo, temple y lealtad juarista;
No fue el uniforme, no fueron las armas,
Sí su sangre azteca; sí su estirpe guerrera
Y sí su último aliento por la patria y por su raza primero.

Con tan sólo dos mil valientes
defendiendo a su bandera
y en la trinchera enemiga
no menos de seis mil gentes.

La invasión se consumó
por el puerto veracruzano;
la ambición de los franceses
por estas prodigiosas tierras,
fue la declaración de guerra
para establecer tras ella
un Imperio Napoleónico.

Las armas detonaron
justo al rayar el alba
en las cercanías de Puebla.

Las fortalezas mexicanas
doblegan a las francesas
que ordenan retirada
en el anochecer del día.

Del invasor cayeron quinientos,
de la resistencia menos de cien
la gran victoria se anuncia
de las armas nacionales
que son Zaragoza al frente,
se habrán cubierto de gloria.

En la contra esquina los franceses
sin hacer honor a su prole
con la derrota su país denigran
manchando su uniforme,
poniendo en duda sus armas
y en tela de juicio su nombre.

Honor a quien honor merece
enhorabuena mis lacayos
han cumplido su proeza
con coraje libertario,
valentía más que consigna
la victoria hicieron suya
para la posteridad ejemplo
de la lucha por la patria
y contra el dominio extranjero.

Los franceses rompen filas
a probar suerte a otros lares
y los guerreros mexicanos
a celebrar sin sus rivales;
sus vidas aún hacen eco
cada día 5 de mayo
¡Que viva mi guerrero Zaragoza!
¡Que viva mi Benemérito!
¡Benito Juárez Presidente!
¡De tamaños y coraje leales!

ESTÁ LISTO MI JARDÍN

_Ahora sí amigos, prepárense, porque...
Ya llegó la primavera y el invierno se marchó.
O pienso que's primavera porque hoy no se...sabe...ni qué!
Ya tengo listo mi jardín; ya'spero las mariposas
y hasta el pin...co...libri.
¡Ándale don picaflor; agárrate de u...na...nada... más!
Ya'scucho los gorrioncitos con sus cantos tan sonoros
me llagan...al...corazón!
Ya me hablan las palomas que descansan
sobre el techo a reclamar...de nuez su nido;
pues el nido las espera
y el gua...ya..vo está...feliz.
Ya miré las abejitas bebiendo sus vitaminas...
de flores...de mi jardín...
También los colibríes, palomos mensajeros,
y los finches de pilón: dije finches!
Y hasta tienen suplementos colgados
en la pared por si tienen...que viajar...
Pienso gozar de'sta primavera
porque el verano viene bravo...
y hará lo que'l invierno: dije invierno!
Aunque igual todos son bravos
y nos pueden mandar muy lejos.
Ya con esta me despido; sean amables con su Tierra
o les va dar en toda la...

INOCENCIA ROBADA

El niño comparte sonrisas forzadas
y juega con armas y no con juguetes.
Regresa a su casa y encuentra paredes
porque su hogar se fue con la guerra.

Sale a las calles lleno de sueños
y en lugar de juguetes
persigue tanques de guerra.

Mira hacia arriba a buscar sus estrellas
y encuentra los cielos cubiertos por humo.
En los ríos no juega; el agua envenena.
Los charcos de calle son sus enemigos
y lloran a chorros lágrimas de sangre.

Mis sueños son de otros
mis metas perdidas.
Mi presente es oscuro
y mi porvenir incierto.

Mis sueños de niño se escapan al viento
y se convierten en eco
y los recibo como regalo sin cuestionar nada.

SOY INMIGRANTE

Nunca miré charola de plata
y mi cuchara provino de un árbol del campo
al igual que todo lo que nutrió mi cuerpo.

Con la lucha en mi alma persigo mis sueños;
cargo conmigo enseñanzas de niña.

El rechazo y las críticas
son la escalera que me motiva
a subir hacia arriba.

Lo que se anhela se gana dándole duro
porque del cielo sólo caen regalos de aves.

Las barreras son compañía constante
y las usas para seguir adelante
o quedarte estancado.

Las metas te guían; no las abandones
pues son tu seguro, tu mapa al futuro.

Conserva tu lengua, tu herencia y cultura;
son quien tú eres y no las reniegues.

Tu lengua materna es orgullo también
como son tus historias,
comidas y música.

Tu cultura es regalo total
y no piezas de rompecabezas.

Tu ética laboral es ejemplo a seguir
y envidia de quienes le corren
al calor que llena sus bocas.

Ser inmigrante es motivo de orgullo
porque todo lo consigues con tu propio sudor.

HERMANOS INDÍGENAS

Atados a La Madre Tierra quien nos cría sin condiciones;
le ofrecemos nuestras sagradas alabanzas
en agradecimiento a la vida que nos da.
Cuidamos de sus ríos, prados y montañas,
porque son el sostén de nuestro ser.
Somos protectores de la naturaleza
y arriesgamos todo por ella;
pero la avaricia capitalista
no respeta nuestra tradición indígena...
la profana sin tomar en cuenta los Tratados,
algo muy común en nuestra historia.
Aunque fuimos Los Primeros Indígenas
no se nos da nuestro lugar en nuestra Tierra.
Corporaciones siguen contaminando
nuestras fuentes naturales
sin tomar en cuenta las consecuencias
que ésto puede traer.
El impacto al ser humano
o al medio ambiente no se toma en cuenta.
Nuestras Tierras son fuente de minas
y las excavan para enriquecer al rico
quien revienta de lujos
mientras los hermanos indígenas sufren y
carecen de necesidades básicas.

Periquitos de amor

Uno es Amarillo y el otro Azul;
Diferentes tipos
Pero a Azul ni le va ni le viene.
Amarillo es muy calmado
Y Azul alborotado.
Amarillo pierde su color
Y de dolor le grita a Azul.
Azul como si nada
Y a Amarillo berrinche le da.
Azul quiere bebés
Amarillo le voltea el pico al revés.
Azul no se da por vencido
Y le da a Amarillo su merecido,
Arriba, abajo y zaz!
Azul ahora con la vecina quiere,
Porque Amarilla lo ha aburrido.
Puso un huevo, inútil hasta el cascarón.
Milagrito no es sonsa
e ignora los piropos de Azul.
Prefiere mirar los colibríes
a que le tiren balas blancas en su...
¡Ay qué grande es el amor!

Poema original fue publicado por Poets Responding to SB1070, Feb. 13, 2019.

¡Basta ya!

Cuando llueve, llueve. ¡En serio!
¡Es la inundación del siglo!
Me gustaría ver cesar las
inundaciones antes de cavar mi
propia tumba.
No. No estoy cavando. Seré
incinerado y las inundaciones
enviadas a Mercurio.
Me siento cobarde, aunque otros
me llaman valiente.

Pensé que había sembrado
semillas amables, amorosas y
afectuosas
tal como lo hizo mi humilde
madre,
Entonces, ¿por qué estoy
cosechando malas hierbas
odiosas?
Me gustaría saber dónde se
escondieron mis esfuerzos.

¿Por qué lloro cuando se supone
que debo reír?
y reir cuando se supone que debo
llorar?
¿No estaba casi muriendo lo
suficiente?
¿Nadie me ve intentarlo?

Todos los días mis pensamientos
son más nebulosos que un verano
mañana en mi pueblo natal.
Cada día brillante me hace
preguntarme:
¿Me pararé al día siguiente o
moriré sentado?

Si muero o si vivo,
Sé que hice lo mejor que pude

y di todo lo que pude dar.
Mi corazón está hecho de
músculo y no de madera.

Todos esos pensamientos tristes
gritando en mi cabeza
quieren volar libres antes de que
causen algún daño.
Sometimes Porque a veces los
pensamientos tristes pueden
hacerte morir,
o pueden causar una fractura en
el brazo.

Fui uno para agarrar el
toro por el cuerno
pero ahora estoy cansado de la
mierda!
Todo en mí ahora está roto.
¡No hay nada que pueda
arreglarlo!

¡Ya basta, dije!
¡Detén toda la locura ahora antes
de que sea tarde!
Me niego a terminar muerto
antes de darle a este frágil mundo
una segunda toma.

LA BIOGRAFIA

Martina Robles Gallegos se vino a California de México. Después de graduarse de la escuela superior en Pasadena, California, asistió al colegio comunitario en Oxnard, California.De ahí ingresó a la universidad estatal de California, Northridge, donde obtuvo su título de maestra y enseñó durante casi dieciocho años. Después de una lesión laboral, seguida por cirugía y posteriormente un accidente cerebrovascular, retomó y completó su maestría en el 2015. Su trabajo ha aparecido en numerosas publicaciones. www.martinagallegos.com @MartinaGalleg20

La prensa LUMMOX fue establecida en 1994.
El objetivo de la prensa era elevar el arte de la poesía,
mientras lleva la 'palabra' más allá de la etapa de "micrófono abierto".

Ahora en su vigésimo sexto año, el editor / editor
se encuentra disminuyendo la velocidad y, aunque esto es inesperado
giro de los acontecimientos puede obstaculizar proyectos futuros,
espera que Lummox Press siga siendo relevante de alguna manera ...

Para más información y para ver el
creciente catálogo de títulos, vaya a
www.lummoxpress.com

poetraindog@gmail.com

www.ingramcontent.com/pod-product-compliance
Lightning Source LLC
Chambersburg PA
CBHW071317200626
46813CB00015B/2251